시 속의 애인

금동원 시집

서정시학 시인선 165

서정시학

ⓒ 안은시

시를 쓴다는 것은
갈증과 애욕의 기다림으로
다시는 돌아갈 수 없는 흔적으로
흙이 달항아리가 되듯
습작은 온전한 시로 완성되어간다
어느 황홀한 불꽃으로 녹아 흘러야
투명한 너의 빛을 안을 수 있을까

—「달항아리 8」 부분

시 속의 애인

시인의 말

말과 목소리가 작아짐은 모든 게 제자리로 돌아가고
있다는 증거다. 손의 온기로 시를 느끼고,
눈동자의 푸른빛으로 시를 읽고,
탄력적인 몸과 경이로운 목소리에서 시를 듣는다.

2020년 2월
금동원

차 례

시인의 말 | 5

제1부 달항아리

달항아리 1 | 13
달항아리 2 | 16
달항아리 3 | 17
달항아리 4 | 19
달항아리 5 | 20
달항아리 6 | 22
달항아리 7 | 23
달항아리 8 | 25

제2부 시 속의 애인

시 속의 애인 | 29
시의 비밀 | 31
시의 일과 | 32
시를 굽다 | 33
퀼로트 팬츠에 대한 명상 | 35
사이 | 36
섬은 바깥이자 안이다 | 37
지음知音 | 39
여보령嶺 | 41
미시령의 바람 | 43
텅 빈 저 자리에 깃든 | 45
운주사 와불 | 46
황학산 수목원 | 48
어느 가을 날 오후 | 49
차를 마시며 | 50
돌아오지 않는 사랑 | 52

제3부 냉동인간

냉동인간 1 | 55
냉동인간 2 | 59
디지털 치매 | 61
상상과 오류 | 62
부드러움 1 | 64
부드러움 2 | 65
부드러움 3 | 66
신발 1 | 67
신발 2 | 68
리벤지 포르노 | 69
추락하는 것에는 날개가 있다 | 71
태풍 1 | 73
태풍 2 | 75
곶자왈 | 77

제4부 천마총 말다래 유물에게 말을 걸다

천마총 말다래 유물에게 말을 걸다 | 81
명중 | 83
사바아사나 | 85
새벽에 전해오다 | 86
사과나무에 대한 명상 | 87
미련 | 88
벚꽃 | 90
여름이여 안녕 | 92
유모차가 걸어온다 | 93
우주를 들다 | 95
안구건조증 | 97
인지 찍는 날 | 98
변태 | 99
차날 | 100
가을 기도 | 102
해설 | 몸, 시를 향하다/ **김주연** | 103

제1부

달항아리 1

1. 물을 품은 자

스며들면 스며들수록 부드러워진다.
입자의 강렬한 엉킴은 집착처럼 느껴지다가
서로를 배려하는 연인처럼 다정하다
삶이란 적당히 서늘할 때 가장 원초적이고
안정적일 수 있다는 자각
물과 섞여 차오르는 탄력으로
치대면 치댈수록 속에서부터 배어나오는 물기
비밀스러운 샘물은
따로 함께의 정밀한 사랑싸움이다

2. 불을 품은 자

물이 있어야 완성되는 비극
홀로 설 수 없는
아픔과 고통의 불지옥 속에서

생명을 얻고 끝까지 살아남아
뜨거움을 품어야하는 운명
온몸의 더운 피가 진액으로 녹아나
흘러내린 절망의 눈물이 말라갈 때쯤
그들은 서로를 받아들이며 단단해진다
찬란하게 빛나는 자랑스러운 멍에
담담하고 우아한 승리
물과 불이 일구어낸 쓸쓸한 환희의 완성이다

3. 달을 품은 자

사랑하기 더없이 좋은 날이다
부드러운 바람결을 타고 흐르는
은은한 달빛의 정념
푸른 어둠을 뚫고 빛나는 담백한 우유 빛
물과 불의 눈물이 섞인
단 하룻밤의 불구덩 화염 속에서

잉태와 탄생의 주문을 건다
재를 품고 새 생명으로 다시 태어난
고결하고 희뿌연 달은
하늘을 품고서야 단아한 달항아리로 승천한다

달항아리 2
—반죽

건조하고 무덤덤한 표정을 살피며
나는 안다
단단하게 굳은 기다림의 시간이 있었다는 걸
물이 닿아야만 당신은 부드러워진다
소라모양으로 천천히 눌러 비틀 때 마다
빈틈없는 결속에 억눌렸던 아우성들이
숨구멍을 뚫고 터져 나온다

우리 이제 시작하는거야
틈을 주지 말고 반복해야 해
언제 폭발할지 모르는 시심詩心을 숨긴 채
어루만지는 손길마다
신의 가호 있기를
정교한 힘이 이루어내는 완성
삶은 어느새 완성된 한 덩어리의 반죽이다

달항아리 3
―물레야 놀자

둥근 원판 물레는
달과 별이 만나는 우주 정거장
미지에 불시착한 흙덩이는
행성을 떠도는 우주 비행선
세상 비밀을 캐내 듯
꼬여있는 흙빛 중심을 서서히 풀기 시작한다

속도를 줄여라
물을 발라 숨통을 열자
부드럽지만 넘치지 않게
온 몸으로 버티며 공평하게 힘을 주자
무너지지 않게 허리를 감싸 안고
매끄럽게 끌어 올리고 슬그머니 내리 누르며
힘의 벅찬 소리도 여유 있게

믿어야만 가능한 균형이야
버티지 말고 나에게 모든 걸 맡겨봐
불신의 흙기둥은 비딱하게 균형을 잃고

확신의 흙기둥은 비참하게 무너져 내린다

한숨 소리가 정체를 물을 것이다
이걸 왜 하냐고
누구를 위해 무엇을 위해 가는 길이냐고
그냥 살다보면 알게 될거야
그러니 물레야, 제발 놀자

달항아리 4
― 욕망접시

언제나 시작은 텍스트야
정당한 무게와 논리적인 형태를 유지해야 마땅하다
비틀림을 풀고
마음의 중심을 잡고
흔들리지 않을 때까지
우아하게 쌓아올린 우리들의 욕망기둥
동굴 속을 파 들어가 듯
넓고 깊게 들여다보고 싶은 유혹
담담하게 기다려야만 만들어지는 넓이다

완성을 향해 치솟고 싶은
탐욕의 힘을 누르고
정교한 균형의 미를 외면한 채
찰진 흙덩어리를 무지의 힘으로 납작하게 눌러준다
펼쳐놓은 욕망의 몸들
둔탁하고 도톰한 형태로 남은 흔적은 욕망의 입술
부드럽고 건강한 달에게 입맞춤하며
나는 그것을 아름다운 욕망접시라고 부르고 싶다

달항아리 5
― 굽깍기

돌고 도는 게 인생인가
빙빙 돌아가는 물레의 리듬을 타고
엉켜있던 삶의 의문들을
사과를 깍 듯이 한 겹씩 벗겨낸다
왜 살아요? 질문에는 묵묵부답
실타래를 풀 듯 생의 무게를
조금씩 줄여간다

모질게 뭉쳐있던 욕망의 응어리들이
인내와 기다림의 칼날을 따라
부드럽고 담담하게 잘려나가면
지구의 둘레가 조금씩 가벼워진다
과욕의 무게를 버리고
균형과 조화를 찾아 제 몸을 깍고 또 깍아낸다

둥글고 각진 칼들은
한 겹 한 겹
제 몸의 아픈 살들을 자해하며

어떻게 살아요? 침묵의 비명을 지른다
고통과 아픔의 자리에서 빛나는 원형의 빛
드디어 실체를 드러내는 든든한 뿌리
중심의 힘으로 버틴 삶의 성찰
온몸을 받드는 굽이라는 희생의 무게
아름답고 견고한 항아리의 뿌리다

달항아리 6
　-시유

바삭한 흙바람으로
사랑의 물기가 사라질 때까지
격정의 열기가 멀어질 때까지
오랜 시간을 견뎌온 목마름이다

심연의 깊은 시간 속으로 가라앉은
우윳빛 추억의 무게
오래되고 낡은 사랑의 막대기로 기억을 휘저으면
부드럽고 투명한 마음의 길이 보인다

생명의 빛을 품고 하나, 둘, 셋
유약의 바다 속으로 풍덩 뛰어든 애인들
사랑은 서늘하고 재빠르게
온몸에 골고루 스며든 백색 희망

휘감아 돌리고 돌려 하나, 둘, 셋
건조된 알몸의 서사
황홀경의 짜릿한 마법 같은 변신
뽀얀 유약의 세레나데

달항아리 7
−소성*의 시간

가마 속의 불꽃으로 견디고 있는 너는
지금 몇 도의 숨을 쉬고 있는 것이냐
1250도의 뜨거움은 어떤 고통의 순간일까
온몸이 완전하게 녹아 흘러
뼛속까지 모두 태우며 살신성인 하는
등신불의 집념으로

온 몸을 감싸고 있는 유약의 흔적
모두 녹아 흘러내린 곳에서
얻고자 하는 빛은 무슨 깨달음을 주려는가
서늘한 그리움의 생명을 씌우고
다시 태어나는 너는 부활의 빛깔인가

죽음을 받아들이며 견뎌낸 뜨거움
영원히 살아있음을 믿었던 시간이 만들어낸
아름다운 숨결이다

선명하고 고귀한 백색의 철학

코발트빛 짙은 바다의 슬픔을 담은 문학
투명하게 빛나는 사랑의 승리
인내의 어울림으로 다시 태어난
새 생명의 환희
가슴 벅찬 단 하나의 육체이자 생명이다

* 불가마 안에서 도자기가 구워지는 과정

달항아리 8
　-습작

아무것도 쓰지 못하는 이 순간에도
뭔가를 써야한다는 강박으로 무엇이든 써본다
숨이 막혀 통하지 못하는 나를
어디로 데려다 놓아야 할지 모를 일이다
답을 찾지 못해 떠도는 빈껍데기의 불안사이로
영혼은 길을 잃고 서성거린다
헤매는 나의 시정신
무엇을 쓸 것인지 막막하다
하늘은 깊어진 가을을 이야기하고
높아진 푸름 속에서 슬픔은 고개를 들고
삶이란 이토록 처참하게 단조로운 것인가
세상은 떠나갈 듯이 시끄럽고
　모두가 옳다고 여기는 정신병적 징후들 속에서 믿을 것은 신밖에 없는 것인가
　의지를 잃고 시를 잃고 애인을 잃고 나는 길을 잃었다
　혼돈과 무질서의 세상 속에서 유일하게 찾아 나섰던 사랑도 흔적 없이 어디로 사라져버린 것인가
　온기로 남아있는 공허한 숨결은 말 그대로 실존

안개 빛 기억은 사라지고 또 남아있을 뿐
만져지는 것은 아무것도 없다
산다는 건 이런 것이겠지
형태 없이 밀려왔다 순식간에 가버리는
파동의 물거품처럼
소리만이 여운으로 가득하고
어디에서도 찾을 수 없는 뜨거운 흔적
(천도가 넘는 불구덩을 건디머...)
담담하게 굳어버린 심장이다
사랑은 죽은 듯이 굳건하다
시를 쓴다는 것은
갈증과 애욕의 기다림으로
다시는 돌아갈 수 없는 흔적으로
흙이 달항아리가 되듯
습작은 온전한 시로 완성되어간다
어느 황홀한 불꽃으로 녹아 흘러야
투명한 너의 빛을 품어 안을 수 있을까

제2부

시 속의 애인

애인은
내가 좋아하는 푸른빛으로
물속에 잠겨있다
돌연 반사되어
온 몸은 파랗게 멍들고
세포 하나하나의 숨구멍은 모두 열려있다

도망쳐!
어서 달아나기를

사랑은 언제나 그림처럼 액자에 묶여
벽에 걸려있고
사람들은 서성인다, 무언가를 탐문하듯

어땠어요?
물속의 애인에게 묻는다

봄은 돌아오고 또 돌아간다

비는 내리고 또 멈춘다
문득 물속에 잠겨 점점 짙어지는
푸른빛의 애인을 향해 손짓한다

우리는 갇혔어요
삶과 죽음 사이에
시와 시인 사이에
치마와 바지 사이에
과거와 미래 사이에
마지막까지 물속에 있다
시 속의 애인이여

시의 비밀

베일을 벗겨라
너의 고백을 들어보자
불에 데인 듯(인두로 지진 듯)
얇게 박피된 상처에서 흘러내리는 시의 진물
진실이 피의 강으로 흐른다
은밀한 언어로 떠도는 혼의 소리
시, 너의 비밀 하나 던져주면
난 울지 않을께

환희에 차서 허공을 휙휙
스치고 사라지는 시의 냄새
시큼하기도 한 쓴 맛

시의 일과

하루를 버리고 새로운 하루를 꺼낸다
섞었다가 다시 섞는 카드 패처럼
무료한 하루를 집었다가 다시 제자리로 내려놓는다

상상력은 돛을 단 요트처럼 매끄럽게 지나간다
망각 역시 시간만큼 재빠르고
뜬금없이 솟구치는 새빨간 거짓말
파랗게 질려 얌전히 가라앉는 창백한 하루
널뛰는 시간!

시의 일과에 대하여 말하자면
아, 시詩잖아요?
산다는 게 너무 시시詩詩하다는 걸
시시詩詩해서 시를 쓴다는 걸
아, 시詩잖아요?

시를 굽다

매일 아침
바삭하고 고소하게 시를 구워내고 싶다
그리움으로 발효된 반죽은
설렘으로 탱탱하게 부풀어 오른다

짭짤한 연민과
땅콩처럼 으깨진 고소한 담론
계피가루 향취 가득한 사유를 담아
비틀린 삶의 입구는
세상 보자기를 싸매 듯 침묵으로 묶는다

들끓는 철판 위에서
폭발할 듯 통통하게 부풀어 오른 탄력

지나친 은유와 상징, 관념적 표현을 누른다
납작해진 시의 몸들
잠시 겸손한 척
통증이 억압을 뚫고 나오면 뒤집히는 판

<
상처들로 노릇노릇해진 시어는
익어가는 성찰로 견뎌내고 있는 것인가
꾹꾹 눌러 더욱 깊은 고통 속으로
바삭하게 부서질 때까지

서두르지 말고 기다려라
(온전한 균형과 조화를 위하여)
조금만 더 목숨 걸고 기다려라
(달달한 향으로 퍼지는 완성을 예감하며)

온 몸 던진 끈적한 시의 상흔
눈 코 입 귀 혀로 느끼는 오감의 향연
혀를 내미는 순간
뜨거운 죽비 경고를 조심하라
조용히 눈을 감고 천천히 음미하라

퀼로트 팬츠*에 대한 명상

경계의 혁명이다
긍정과 부정의 뜻을 지니고
허용과 거절의 의미를 내포한
여자와 남자라는 이분법으로
무지와 앎의 경계
진실과 거짓이 반반씩
우매함과 지혜로움의 담대한 치마폭으로
견고하고 엄격한 신념의 바지통으로
경계는 경계를 묶고
경계는 경계를 풀고
내가 너이고
네가 나일 수 있는
아니,
나는 너고 네가 나인 합일의 순간
결코
뚫리지 않았으나 통하는
막혔으나 언제나 소통이 가능한
헷갈리는 삶처럼
이 기막힌 반전을 입고 오늘도 길을 나선다

* 일명 치마바지

사이

너와 나의 거리는 한 뼘
위험한 거리, 너무 가깝지
열 뼘은 너무 멀어
닿지 않을 거리
멀어질까 슬픈 (벌써 그리운)
안전한 거리는 어디쯤인가
마음을 대신 할 공간은 없지
눈빛이 말하는 속삭임을 들을 정도
표정이 말하는 설렘을 느낄 정도
그 정도면 될까
지금 이 별 속에 있나
우주를 유영하는 나비 짓으로
거리 사이의 고통
침묵만큼의 슬픔
손이 닿을 듯
입술 닿을 듯
한 뼘과 열 뼘 사이의 절벽 같은 절망
폭포처럼 수직낙하 하는 그리움
우리들의 거리는 어디쯤이일까

섬은 바깥이자 안이다

코끼리를 먹은 보아뱀 (닮은)
르네 마그리트의 중절모 (같은)
협제해변에서 바라본 비양도飛揚島*
햇볕에 그을린 섬은 손에 잡힐 듯 말 듯
가깝고도 멀다

섬은 바깥이다
떨어져 나간 단독자의 고립은 자유롭다
불가근불가원不可近不可遠
사랑 전략이다

섬은 안이다
마음 안에 길을 내고
양 팔로 감싼 둘레 길은 담벼락이다
내면을 훑어보듯 은밀하고 환하다

등 돌린 섬
시선은 바깥에서 안으로

<
안에서 바깥으로
타인의 방처럼 서늘하고 무심하다

바다는 파도가 이끄는 대로 넘실거리고
바깥도 안도 아닌 섬은 고요하다
제주도 한라산이 저 멀리 아득하다

*면적은 0.5㎢의 제주시 한림읍에 위치한 화산섬.

지음知音*

당신은 나의 지음이다

몸속에 너의 뜨겁고 서러운 피가 흐른다
고뇌와 슬픔의 무게만큼 날카로운 존재
고래가 서로의 주파수로 바다를 헤엄치듯
흐르는 푸른 물빛으로 스며들어
넘치는 사랑은 희미하게 번지는 붉은 피를 토해낸다

당신은 나의 고유명사
소리를 알아듣는 *끄덕임*으로 충만한 파장
(날카로운 비명소리를 닮은 음파)

같은 생각을 하고
같은 소리를 내고
같은 음식을 먹고
분노와 웃음의 결이 잔잔하게 닮아 통한다

(분신처럼 사랑하라)

살아있음의 감격으로 감동한다
기도의 마지막 목소리는 구원일지라도
생명의 자리는 지금 여기 이순간이니까

* 자기 뜻을 알아주는 참다운 친구

여보령嶺

사노라니
서늘한 갈망의 마음 하나 있어
여보라고 부르면 다가서는 사랑고개
굽이굽이 비밀의 실타래를 풀 듯
능선마다 아픈 사연으로 물들어가는
단풍의 붉은 어스름
핏빛으로 스미며 잔잔하게 번져간다

감추려 해도 도드라지고
말하지 않아도
들리는 농밀한 메아리 소리
'여보세요'
삶에도 유독 튀는 단풍자리가 있으리니
붉게 물든
순간의 절정은 있다

섬세한 생의 고개 길에서 깨닫는 진실

말없이 여보라고 부르고 싶은
당신이라고 부르게 되는 사랑의 완성
고요하게 내려앉는 가을 단풍자리에
푸른 석양이 조용히 지고 있다

미시령의 바람

분명히 말할 수 있는 건
흔들림이다

잠시 숨을 고르고 바라본
설악의 풍경 속에는
장엄하고 숭고한 사랑천지다

산 능선은 굴곡져 황홀하고
휘고 비탈진 내리막은
멈출 수 없는 마음처럼 아슬아슬하다

머물 수 없는 미시령을 넘어서면
안개로 덮인 아득한 빛
뒤돌아보면 서늘한 바람이 나를 붙든다

그는 왜 끝내 흔들리지 않았을까
어쩌면 영원히 움직이지 못할 지도 몰라
그 곳이 침묵의 자리였으니

＜

추억으로 그늘진 붉은 산 그림자
먼 길 떠나기 전 걸터앉은 울산 바위
여기로 다시 한 번 돌아오라고 손짓한다

사랑은 이미 석양빛 너머로 사라지고
시간의 착시 앞에
미시령의 바람은 깃발처럼 흔들리고 있다

텅 빈 저 자리에 깃든

아침 산책길
빈 의자 앞에서 서성거린다
텅 빈 저 자리에 깃든 슬픔
곁에 두고도 앉지 못하는 열망
머뭇거리는 일렁임으로 마음을 흔든다

흔들리는 빈 가지에 앉은
직박구리 소리 연약하듯 날카롭다
밤 내내 잠 못 든 길고양이
앙칼지게 핏발선 눈동자에
검은 눈물이 그득하다

햇살은 서늘하게 피어올라 번져간다
잠시 서 있는 여기
어디에서 와 어디로 가고 있는지
순간의 존재를 바람이 툭 친다
자꾸 미련처럼 뒤돌아보는 빈 의자

운주사 와불

안온한 공간의 쾌락이 돌처럼 굳어
몸으로만 남아있는 운주사 와불

품에 안을 수 없는 외로운 사랑
영구산 기슭에 찬바람이 되어 누웠다

안개 빛 살결에는 슬픔이 일고
불어오는 천년 바람엔 울음이 배여

일어나지 못한 채 누워 부여잡은 손
헐거운 마음 다시 채근해보는 서늘한 미련

천년의 세월 핏빛 그리움으로 스며
잠이 잠든 그 밤
조용히 돌아와 서로의 곁에 누웠다
그대 돌로 남아 있어도 내 곁에 있지 않은가

어느 별에서 돌아 온 것인가

달빛 푸르스름한 밤
서늘한 바람도 기척 없이 돌아와 울고
사랑 자리는 처연한 돌의 모습으로 누워있다

황학산 수목원

풍경은 어디에나 이미지를 만들고
겨울 가로수의 텅 빈 통로는 추억의 길처럼 환하다

금이 갈듯 얼어붙은 한 겨울 황학산 수목원
너무 추워 모든 것이 오히려 따뜻하다

갈망의 날들은 사라지고
잡힐 듯 잡히지 않는 속눈썹의 아련함이어

실핏줄처럼 뻗은 메마른 가지는
푸른 그리움과 차가운 살 냄새를 풍기며 무심히 흔들리고

사랑은 어디서나 아득한 기억을 이끌고와
잊혔던 감각은 꿈의 수면 위를 더듬는다

어느 가을 날 오후

햇살이 살구 빛으로 나른하게 내려앉던
어느 가을 날 오후
슬그머니 잠이 든 내 꿈속에
당신이 다녀갔습니다

예기치 못한 꿈속에서 만난 당신
꿀 먹은 벙어리
눈동자 둘 곳 몰라 먹먹해진 마음만 어지럽고
빨리 깨어나려고 뒤척였습니다

길고 긴 밤, 깊은 꿈으로 오면 좋겠다 싶었습니다.
그대 품에서 하얗게 밤새워 보고 싶은 꿈
아직 해 그늘 훤하여
서걱거리며 문틈으로 바람만 들락날락거립니다

온데간데없이 사라진 꿈의 빛이여
품으로 날아와 침묵으로 아련하던
가을 햇살 길게 드리운 그리움의 그늘이여
어느 가을 날 오후에 사라진 꿈이었습니다

차를 마시며

1

겨울 내내 차나무는 뿌리에서부터 짙어진다
비바람을 견디며
여린 잎은 세상을 경계하는 얇은 막을 풀고
땅 속에서 부터 단단하게 밀어올린
고통과 뜨거움이 숨어있는
가장 보드라운 연두 빛 잎을 피운다

2

새의 혀처럼 가녀리고 보드라운 잎사귀는
인내의 맛
아픔의 맛
헌신의 맛
견딤과 어울림의 맛
기다림의 고통을 덖으며 만들어낸
은은하고 맑은 완성의 향을 우려낸다

3

그윽한 향기를 내뿜는 결실에는
차 잎의 아픔과 짓이김 속에
뜨거움으로 치대고 비비고 쥐어짜면
배어나오는 푸른 피
상처를 품고 견딘 빛나는 몸의 부활
여덟 번의 덖음은
연약함을 이겨내고 숙성된 피의 맛으로
향기롭고 신선한 햇차가 된다

4

가장 순결한 첫 잎의 차 맛은
제 몸을 던져 만든 마지막 사랑
삶이란 언제나 견디며 만들어가는 믿음 같은 것
시와 닮은 차를 마시며
시로 다 할 수 없는 생의 뜨거움을 품는다

돌아오지 않는 사랑
─까보다로까*에서

'대륙은 이곳에서 끝나고 바다는 이곳에서 시작된다.'**

대서양 저 아득한 공중의 경계에서
한 번 떠난 자들은 다시 돌아오지 못한다

닿을 수 없는 무수한 이별의 주름들이
겹치고 겹쳐지며 아득한 물결로 떠밀려 사라지고
세찬 파도는 무심하게 그리움을 품고 기다림을 밀어낸다

스며들며 짙어가는 고요한 하늘
박명의 드넓은 공간이 슬픔으로 가득 차오르면
푸른빛 마음의 문장은 돌아오지 않는 사랑이다

그건 이룰 수 없는 꿈이지만
바람은 다가서지도 않고 포기하지도 않고
담담하게 세월을 비우고 또 스쳐지나간다

* 유럽 대륙의 가장 서쪽 포르투칼의 땅끝 마을
**16세기 포르투갈의 시인 루이스 드 까몽이스(Luis de Camoes)의 시에서

제3부

냉동인간 1
　-마취에 대하여

1.

마취과 의사가 귀에다 대고 살며시 말해줍니다
놀라지 마시구요
엄마 뱃속에서 웅크리고 있던 그 날을 기억하세요
무릎은 가능한 배꼽 쪽으로
상체는 최대한 구부려서 무릎과 맞닿도록
태어나기 직전의 태아처럼
있는 힘을 다해 상체와 하체를 동그랗게 말고
양수에 떠다니던 그 가벼움으로 기다리세요

2.

엄마 배 속을 빠져나오려는 두려움과 기대감이 이랬겠죠
척추 뼈의 몇 번째 인지 모르겠지만
깊숙하고 뭉근한 통증이
뼈를 뚫고 들어가는 주사 바늘의 힘,
거부할 수 없는 폭력이야

3.

아, 순간 나는 돌아간다
길은 멀고도 아득하게 혼미하고
한 순간 터지는 꽃망울처럼
사라지는 박하 향 같은
물길이 열리 듯
안개가 번져 퍼지듯
급류에 떠밀려 빨려들며
나는 사라져간다

4.

양수 속의 태아
아주 오래 전 이렇게 헤엄쳤을지 몰라
무감각하게
온기만 남은 물 풍선처럼
내가 나를 인지할 수 없는

내가 나를 만질 수 없는 본질
모든 것은 일시정지와 무기한 멈춤이다
나는 완전히 마비되었다

5.

의식과 무의식의 혼몽 속에서
살아 돌아갈 수 없는 늪이다
푸덕거리며 지푸라기라도 잡으려는 헛손질
삶은 이유 없는 반항
처참하게 무너지는 육체
서로를 통제하며 구원할 수 없는 정신
모두가 다 미친 살아있음이다
살아냄은 미친 짓이다

6.

서서히 마취가 풀리고 있다

온 몸이 저리며 피가 돌기 시작한다.
다시 살아내고 있는 것이다
손이 닿지 않는 저 심연의 밑바닥에서
냉동이 풀려가는 인간으로(인간이 되어가는 모습으로)
살아 돌아왔구나. 육체의 굴레여

냉동인간 2
－수술에 들다

門은 자동으로 닫혔다

비애의 껍질을 벗은 몸은
수술대 위에서 창백해진 시간을 지운다
피의 뗏목은
생사生死의 급류 속으로 위태롭게 떠내려가고
의식은 내면의 강을 따라 출렁거리기 시작한다

핏줄과 연결된 링거
목숨을 담보한 영혼의 눈물처럼 천천히 흘러 피와 합류하고
희노애락 애오욕
위태로운 꿈속을 떠돌던 숨결은
외줄에 매달린 곡예사처럼 아슬아슬 하다

침묵의 시간이 지나가고
따뜻한 온기를 품은 땅이 서서히 녹기 시작한다
생명은 침착하게 다시 돌아와

분주하고 낯간지러운 리듬으로 삶을 노래하고
시간의 굴레 속으로 육체를 다시 밀어 넣는다

門은 자동으로 다시 열렸다

디지털 치매

앎 속에 갇힌 새장의 새
기계적으로 읊조리는 부리들
이해와 습득의 물 한 모금으로 길들여졌다

전원이 꺼지는 순간
백지처럼 하얗게 사라진 공간에서
우리는 완벽하게 금단의 공포 속으로 무너져 내린다

물 한 모금만 주세요
당장 필요한 한 눈금의 배터리(battery)를 주세요
떨리는 손가락으로 어서 전원버튼을 눌러주세요
보이지 않는 저 현란한(사이버) 세계 안으로 돌려보내주세요

스마트한 사각의 우주행성에서
미아처럼 유영하는 불길한 망각의 악령은
디지털 치매!
거부할 수 없는 막막한 운명을 조용히 받아들인다

상상과 오류

아이를 낳아본 적 없는
초경과 완경의 경험 없는
엄마라는 소리를 한 번도 들어본 적 없는
남자 시인들은 자궁이라는 말을 참 잘도 쓴다
태초의 세계라는 둥
신비의 동굴이라는 둥
모성의 근원인지 뭐라나
우주를 품은 구원의 상징이라며
자궁을 품고 동고동락해 온 여자보다 박학다식하다

상상이 빚은 오류가 더욱 그럴 듯한 까닭은
고귀하고 위대한 모성의 의미를 부여하고
마술적 여성성의 환상을 만들고
경건하고 순결함으로 남아
삶의 껍질과 내면의 본질 모두를 꼬아버린
의미는 의미를 만들고,
만들어진 오해들은 틀을 이루어 앎이 되기 때문이다

자궁은 그냥 자궁이다
구조적 형태적 기능적으로
여성과 함께 스러져 갈 수많은 세포 조직 중 하나다
낭만적 상상의 허세와 아찔한 상징들
가질 수 없어 품지 못할 때 생겨나는 원초적 욕망
불감증의 추측이 낳은 카타르시스다
넉넉한 인심과 위악
상상이 만든 실체 없는 신화적 원형이다

부드러움 1
  －즉흥 환상곡

손끝에서 터지는 비눗방울,
촉촉하고 투명한 황홀은
소리 없이 하얀 포말을 일으키며
어느새 스르르 녹아 사라져버린다

쇼팽의 피아노 협주곡 1번,
매끄럽게 찰랑거리며 차오르는 리듬 물고기
터트리듯 두드리듯
잔잔하게 어루만지며 부드럽게 파도를 탄다

온 몸을 톡톡 노크하는 즉흥 환상곡
깃털처럼 가볍게 다가섰다 달아나버리는
풍경 속의 환영으로
오랫동안 사라지지 않는 환상의 여운이다

부드러움 2
  -카푸치노

구름처럼 부풀어 오른 우유거품이 사라지기 전에
입술을 대세요.

혀끝에서 녹는 우아한 감촉이 사라지기 전에
입술을 대세요.

뜨겁지도 차갑지도 않은 애매한 황홀이
시나몬의 도발과 함께 섞이는 서늘한 지점
커피와 우유가 하나의 향이 되는 순간

새하얀 크림처럼 부드러운 파도가 밀려오고
입 안에서 둥글리는 아름다운 균형의 조화
그 부드러움을 잊지 말고 기억하세요.

부드러움 3
  ─오해

응어리진 날들이 있었다
후미진 마음의 길이 그렇고
흙먼지 가득 품었던 거칠고 숨찼던 젊음
피어오르는 꽃봉오리의 숨은 열정
가시 돋쳐 핀 핏빛 서러움이 그랬다

거친 것, 모진 것, 차가운 것
연약하고 뜨겁고 정직하다

추억의 뭉게구름은 평온하다
덩어리진 부드러움을 살살 흔들면
아주 천천히
녹아 흐르듯 풀려가는
아득한 하늘빛!

신발 1

쿵!

페르소나를 던져버린다
벗겨진 맨발
열 개의 발가락들이 제 각각 소리친다
땀에 흠뻑 젖은 하루가 내지르는 비명소리

신었다 벗고 벗었다 신는
반복의 슬픈 연민
꽁꽁 묶였던 시지프스의 신발

벗어던져!

신발 2

쿵!

내동댕이쳐진 신발이 움찔한다
선홍빛 핏물로 얼룩진 신발의 젖은 육체

스스로 벗어던진 신발이 아니라
버려진 신발

피땀 냄새가 가시지 않은 채
무자비하게 던져진 신발의 운명

누군가의 삶이 균열되었다
신발 던지는 소리에 모든 것이 들어있다

리벤지 포르노*

복수를 원했나요?
리벤지라니

사랑을 원했나요?
포르노라니

상큼한 매력의 눈웃음과
부드러운 마음결 보이시나요
찍을 수 있으면 최선을 다해 찍어보세요
수줍게 핑크빛으로 물든 황홀한 표정을
상기된 사랑의 가쁜 숨소리를
해상도 높은 선명한 빛깔로 찍어보세요

'나는 너를 사랑한다고
그래서 우리의 사랑을 영원히 남겨두는 거라고'

설마, 진심을 포르노로 만들어 팔아보세요

설마, 즉물화 된 이미지가 명화라고 설득해보세요
설마, 상술화의 텍스트로 한정 판매하세요

보이는 게 다가 아닌 진실 앞에서
말하는 게 다가 아닌 고백 앞에서
일그러지고 으깨져버린 리벤지 포르노 사랑 법칙
당신을 사랑 한 죄밖에 없는데

*'리벤지(복수) 포르노'(revenge porn) 헤어진 연인에게 앙심을 품고 사귈 때 찍은 은밀한 사진, 동영상 등을 SNS, 인터넷 등을 통해 고의적으로 유포해 피해를 입히는 행위.

추락하는 것에는 날개가 있다*

사랑을 잃고 추락하는 너에게
가벼움의 기분을 묻는 건 예의가 아니다
끝내 붙잡지 못하고 손을 놓아버린
마지막 이별의 몸짓은 그런대로 우아하다

위태롭게 매달려있는
탈색된 시간의 슬픈 맨살
한 시절 푸른 욕망으로 뒤덮였던 노래는
땅을 향해 곤두박질치는 이별의 레퀴엠
쓰디쓴 연민으로 쌓여가는 핏빛 그늘이다

계절을 밟고 지나온 죽음의 씨앗들
다시 꿈꾸는 새로운 사랑을 위하여
낙엽은 죽음보다 깊은 침묵 속으로
잠 못 이루는 생명 속으로 천천히 걸어 들어간다

가을에서 겨울로

겨울에서 봄으로

풋풋한 초록을 기억하는 얇은 입술마다

추락하는 것에는 날개가 있다

* 잉게르히트 바흐만의 시 제목에서 차용

태풍 1
   -소문1

제 19호 태풍 솔릭은 며칠 동안
TV 안에서 휘몰아쳤습니다

매시간 매초 강풍이 불고
가로수가 부러지고
주문을 걸듯
밥벌이를 하듯
늘씬한 미인앵커는 우비를 입고
매미처럼 시끄럽게 사건사고에 주문을 겁니다

'태풍아 몰아쳐라
비바람을 동반하고 한반도를 강타하라
제발, 물 태풍아 몰아쳐 떠내려가라
강풍이 되어 세차게 부서지고 날아가라'

시민이 제보해주는 드라마틱하고 위태로운 영상
상품을 걸고 위험을 읽습니다
태풍은 예상보다 약했습니다

당연히 웬만해선 놀라지 않습니다

때마침 두 개의 태풍전선이 엉켜
시계방향으로 돌고 반대방향으로 돌고
당연한 파열음에 지구가 난리법석을 떱니다
비바람과 돌풍은 충격적으로 만나 울고

한 줄의 의지도 없이
망연자실한 표정으로 태풍을 바라보고 있습니다

태풍 2
― 소문 2

특종의 계절이 왔습니다.
말을 아끼고
혀를 동여매고
핏물을 머금고 새나오는
뜨거운 금지어는 쓰지 말아야합니다

비정한 인내와
막막한 그리움으로 무장하고
겹겹이 둘러친 연민의 방은 반드시
안에서 걸어 잠그십시오.

말이 되어 나온 약속들은
모두 혐의를 의심받고 소문을 머금게 됩니다
눈물 한 방울이 진실이라고
우기지 마십시오.

깊은 우물에 고여 있던
창백한 사랑을 햇살 밖으로

그렇게 끌려나온 슬픔은
맑고 신선한 것이 아닙니다

시작이 끝을 예고하지는 않지만
말을 아끼고 눈을 감고
정신세계의 강력한 자장을 달래며
우울한 무책임을 받아 글을 쓸 각오를 하십시오

잠잠하다가 다시 몰려오는 태풍
번호표 없는 외출은 자제해주십시오.
이번엔 바람을 동반한 폭우지만
다음에는 뇌우를 동반한 위험일지
누가 알겠습니까?

곶자왈*

여기서는 무엇이든 함께 할수록 좋아요
모든 것을 품고 어우르는 숲
나무와 덩굴도 서로를 보듬어 감싸야해요
덩굴의 거칠고 질긴 성가심을 외면하면 나무는
쓰러지죠, 바람을 견딜 수 없기 때문에

이 곳 땅 속에는 서늘한 빈 공간이 많아요
온기와 냉기가 더불어 공존하는 숲
품었다 내뿜는 모든 숨결은 바람이 품고 있던 마음들
비와 눈, 습기와 뜨거움 모두를 담을 수 있는
사랑의 마음이라는 거지요

곶자왈은 모든 걸 다 보여주진 않아요
말하지 않고 감춰둔 어울림으로 만나는 숲
따로 또 함께의 지혜와 향기로 하나 되는
깊은 삶의 풍경이 만들어놓은
살아있는 시의 숲이기도 하니까요

* 숲을 뜻하는 '곶'과 가시덤불을 뜻하는 '자왈'을 합친 제주도 토속어. 제주도 한라산의 암괴지대나무, 덩굴식물 등이 뒤섞여 있는 원시림의 숲을 말한다.

제4부

천마총 말다래 유물에게 말을 걸다

무덤 속의 시간은 삶인가 죽음인가
시공의 접점은 현재?
지나간 것은 역사?
어제의 것은 유물?
지금 두발을 딛고 선 나는
역사와 유물 사이에서 서성거리는 부장품인가

썩어, 썩어야 산다
박물관의 유리벽 안에 갇혀있는 숨소리가 말한다
불멸의 시간을 건너
회생의 한 파장을 그리며
계속 썩어가고 있는 영욕의 유물들

대형 유리관에 누워있는 나를 본다
순장의 뼈 조각으로 남겨질 두려움으로
나는 과거 안으로 들어섰다가
다시 지금을 지켜보고 있다

어제와 오늘
내일이라 명명되어진 미래도 한 줄의 시간
알몸의 한 획
바람소리에 뒤돌아보는 순간
산더미처럼 쌓여있던 탑이
우르르 무너져 내린다

명중

1,

어제,

팽팽하게 당겨놓은
질문의 화살 하나가
우주의 과녁을 향해 활시위를 벗어났다

누군가의 죽음에 우리는 얼마나 관여했는가
누군가의 슬픔에 우리는 얼마나 울었는가
누군가의 기억에 우리는 얼마나 남아있는것인가

2.

오늘,

오래된 죽음 하나가 드디어
삶을 관통했다

<
고요한 힘으로 버티고 있던 죽음의 트라우마
응어리져 맺혀있던 핏덩이가
드디어 원죄의 공간을 벗어나 신에게로 날아갔다

3.

내일,

삶과 죽음이 만나는 가장 극명한 떨림의 자리다
(우주의 두 지점)
푸른 꽃 절정의 순간이다
(낮과 밤이 만나는 지점)
완벽한 명중
과녁은 천국으로의 귀의다

사바아사나
　-송장자세

온몸 힘을 빼고 바닥에 반듯하게 눕는다

땀과 피의 의지로 뭉쳐있던 모든 욕망을 버리고
하얀 등뼈만 남은 것처럼

두 발은 어깨만큼
두 팔은 깃털처럼
숨길이 지나가도록 공간을 만들어

머릿속을 온전히 비우고
가장 편안하고 부드러운 미소를 짓는다

끌어 올린 입 꼬리는
저절로 배어나오는 충만한 환희심

송장처럼
죽은 이의 모습으로
움직이는 집착은 모두 사라지고

이보다 평화롭고 고요한 시간이 있을까

새벽에 전해오다

졸린 새벽
서늘한 꿈길을 걸어 나와 가만히 눈을 감으면
환청처럼 신비로운
푸른 노랫소리 귓가에 머무르고
따뜻한 빛으로 퍼지는 사랑의 기도가 전해진다

새벽 눈을 뜨면
짙고 푸른 박명의 하늘빛
그대가 나를 이끈다는 걸 느낄 수 있다
따뜻한 숨결
온기 속으로
마음은 고요한 평온함으로 가지런해진다

기도의 간절함이
눈물 한 줄기로 흐르고
경건과 거룩함
사랑과 감사의 간절함으로 부르는
축복의 하루가 고요하게 기지개를 편다

사과나무에 대한 명상

(지구의 어느 가을날이다)

홍등처럼 주렁주렁 매달려 유혹하는
붉은 연심戀心

(아담과 이브)

선악과를 입 안 한가득 베어 문 순간
달콤한 과즙의 피 냄새는 너무나 인간적인

(세찬 폭풍의 여름이 지나갔다)

사유와 자유를 얻은 사과나무
사랑의 씨앗을 품은 사과나무

(지구의 어느 봄밤이 떠올랐다)

서러운 울음은 물기 많은 속살로 차오르고
비바람에 멍든 푸른 가슴은 선홍빛으로 붉게 익어간다

미련

나무와 잎새
안녕
바람이 건드려주면 유쾌한 리듬으로
안녕(하자)

헤어지는 법을 배우지 못한
가을 사랑은 가볍게 돌아가지 못한다
서투른 미련의 애무
웬만한 바람으로는 서로의 몸을
떨구어 떼어놓지 못한다

바람이 거두어간 이별에는
홀가분한 천국의 그늘이 드리워저있지만
저토록 처절하게 한 몸이 되어
생기를 잃고 시들어간다

삶이란 각자의 자기 자리로 되돌아가는 것

세월은 매년 같은 방법으로
누구나 아는 사실을 알려주고 흘러가버린다

슬픔도 없는 서늘한 한기를 느끼며
이미 죽어버린 생의 한 미련이
처연하게 매달려 있다

벚꽃

벚꽃이 지고 있다
바람 한 점 없는 사월 봄 날
눈 시리게 투명한 날

요양원에 두고 온 애인은
어린 계집아이처럼 점점 천진해지고
통통하게 살이 오른 복사 빛 볼
짓물러 얼룩진 눅진한 생명의 자리
벚꽃도 지다가 다시 피어나는 자리
시간도 흐르다 잠시 걸음을 멈추고 서있다

개똥밭에 굴러도 이승이 좋아

그리운 얼굴 다시 한 번 볼 수 있다면
지는 꽃을 한번만 피울 수 있다면
낙화의 아련하고 슬픈 고요를
점점 멀어져가는 목숨을 그저 바라만 보고 있다

벚꽃이 지고 있다

하얀 무덤 같은 어느 봄 밤

꽃잎 다 사라지면 연한 초록 잎 다시 돋아날까

여름이여 안녕

가을볕으로 갈아입은 햇살을 뚫고
매미소리가 아득하다
힘을 잃은 것인가
넋을 놓고 앉았지만
우리는 이제 돌아가야 할 시간이다
가야 할 때를 안다는 것은 얼마나 아름다운 일인가
뜨겁게 다가와 부드럽게 안아주던
너의 포옹에 스민
땀 냄새를 기억할게
뜨겁고 벅찼던 태풍의 열기를 안고
폭우 속에 갇힌 추억의 액자 속으로
우리는 걸어 들어간다.
마주보는 것이 아니라
같은 곳을 향해 함께 걸어간다
뜨거움이여 안녕
가을의 문턱에서 매미여 안녕
잠시 아득해지면 또 안녕
나의 여름 한 자락 서늘하게 익어가며
붉은 해는 떨어진다

유모차가 걸어간다

1.

두 대의 유모차가 건널목에서 신호를 기다리고 있다
세상에 태어나 네 발로 걷고
건장한 두 발로 세계를 딛고
언젠가부터 세 발로 인생의 벼랑을 향해 걸어간다

2.

출발선에서 달리기를 시작하듯
앙증맞은 돌쟁이 발을 방울처럼 매달고
위풍당당 기세등등
싱싱한 바퀴의 젊은 유모차 걸어간다

3.

한때는 우주의 중심에 서서

모성과 자존으로 버티고 서 있던 두 다리
누렇게 빛바랜 퇴행성의 무릎들이
구부정하게 휘어버린 녹슨 다리들이
세월의 때와 냄새로 얼룩진
낡은 유모차를 끌고 걸어간다

4.

아득한 모천의 첫 기억을 향해
아이로 돌아간다
순리와 시간의 손잡이를 움켜쥐고
유모차가 신호대기선 앞에 서있다

우주를 들다
― 아치자세*

드넓은 우주 공간
여행이 가능한 행성은
소우주=나

솜털처럼 가볍게 떠나려면
잠시 자세가 필요해

두 발을 적당히 어깨넓이로
세우고, 두 팔은 시원하게
어깨 아래로, 단단하고 야무지게
기둥을 만들어야 하거든

엉덩이는 북극대
허리는 적도지대 근처
봉긋한 가슴이 솟아오른 곳은 위험지대

정수리를 중심축으로
머리는 지구 바닥에 고정

온 몸에 힘을 빼도록 해

조심스레, 정말 소중하게
살며시, 가뿐히, 번쩍, 단박에
우주를 들어 올린다

바로 그 때야
소우주가 행성을 유영하기 시작하고
빼곡한 별들 사이에서 마중 나온
어린왕자와 잠시 교신할 수 있지

* 팔과 다리의 힘으로 몸통과 머리를 들어 올리는 자세

안구 건조증

눈물샘이 말랐다
슬픔은 안으로만 자꾸 깊어져
뜨거운 사막 어딘가에 숨은 오아시스처럼
(눈물이여 안녕)

촉촉하게 되살아난 눈물은 인공적이다
다른 방도의 구원은 없음으로
투명한 눈물샘의 통로는 고향의 원형
(눈물이여 안녕)

점점 희미해지는 희망을 이식하듯 푸른 별을 꿈꾼다
한 방울의 생명수가 세상을 밝혀 준다
인공 눈물의 작은 적선에 감사를
(눈물이여 안녕)

인지 찍는 날

출판사에서 시집에 붙일 인지를 보내왔다
인지 종이에 빨간 입술을 댄다
살짝 대보기도 하고 진하게 눌러보기도 하고
혀를 살짝 넣어보기도 한다

마음의 진액이 흘러내린 허름한 시집 한 권
불면의 밤이 쏟아낸 핏빛 숨비소리

목소리로 변했다가
노래로 변했다가
얼굴로 변했다가
춤을 추며 울고 웃는 눈빛이다가

한 번 찍을 때마다 차오르는 이게 뭐지?
금쯩이라 읽고 금쯩이라 찍는다

변태

온종일 비만 내린다

몸 속 가득 스민 빗물로
허옇게 불어 터진 채
느리게 느리게 움직이기 시작했으나
답답하고 지루하다
흡착기처럼 바닥에 들러붙은 짧은 상념들은
햇살 없는 눅눅함으로 시들어 버려
핏기 없이 창백하다
표피는 까맣게 타들어 가 서서히 굳어 버리고
죽은 듯 널브러져 퇴화돼 가는 詩 한 조각
나비로 환생할 날을 위하여
발가벗은 상처와 환멸마저도
햇살 속에 푹 담궈 뽀송이 말리고 싶다
날고 싶다

아직도 비는 그칠 것 같지 않다

차닐*

사람이 그립고
마음이 그리운 날은 그 곳에 간다
서로 닮은 사람들이 문을 열고 들어서면
푸른 하늘에 펄럭이는 깃발처럼
두 손 번쩍 들어 신호를 보내주는 곳

노곤한 몸을 온돌방에 누이 듯
두 다리 힘껏 뻗어 쭈-우-욱
두 팔 마음껏 펼쳐 노-옵-히
시간은 멈추고 공간만 남는 곳

맑은 향기의 꿈 이야기
오미자와 대추차는 빛깔과 향으로 번져가고
보이차로 우려낸 우정과 정겨움은 그윽하고 향기롭다
침묵 속의 끄덕임은 우리들의 언어다

위로와 배려의 따뜻함을 남겨두고
편안한 웃음의 키다리 아저씨

연잎차 맑은 표정의 안주인이 함께 배웅하는 차날
그리움을 안고 문을 나선다

* 차날: '차가 그리운 날', 견지동에 있던 찻집

가을 기도

함께 가는 길, 언제나
눈이 부시게 하소서
감사와 기쁨으로 기도할 수 있게 하소서
오월의 덩굴장미처럼 마주보고 활짝 웃을 수 있게 하소서
따뜻한 손의 온기와 부드러운 눈빛으로 마음의 평온 있게 하소서
서늘한 그리움, 그 설렘으로
누구든지 사랑할 수 있게 하소서
함께 울고 보듬어주는 위로의 가슴이 되게 하소서
지금 이 순간 최선을 다해 삶을 사랑하고
하루하루 시를 쓰는 마음으로
아름다운 날들이게 하소서
가을날 무르익은 풍요와 사랑으로
함께 가는 길
언제나 모든 이의 작은 소망이
흘러가는 강물처럼 이루어지게 하소서

해설

몸, 시를 향하다

김주연(문학평론가)

I.

『육체의 고백』이라는 책이 최근에 출간되었다. 미셸 푸코의 저서인데 「성의 역사」라는 부제를 달고 있다. 이 책에 관한 소감을 물론 이 자리에서 말하고자 하는 것은 아닌데, 다소 뜬금없이 이 책, 그것도 '육체의 고백'이라는 제목이 연상되었다. 육체가 주체가 된, 육체가 말하는 고백이 그 뜻일 터인데, 이 시집의 어느 부분이 그와 연관된 것일까. 시인 금동원에게서 그 관계는 시집 첫머리 「달항아리」 연작에서 포착된다.

> 스며들면 스며들수록 부드러워진다
> 입자의 강렬한 엉킴은 집착처럼 느껴지다가
> 서로를 배려하는 연인처럼 다정하다
> 삶이란 적당히 서늘할 때 가장 원초적이고
> 안정적일 수 있다는 자각

 태초에 하나님의 영은 수면 위를 운행하였다고 했던가. 수성설을 떠올리는 구절로 시작되는 '연작 1'의 출발 부분이다. '스며든다'는 것은 분명 물, 혹은 액체일 것이며, '강렬한 엉킴'과 '적당히 서늘함'은 그것을 뒷받침한다. 지금 무엇을 향한 공작이 이루어지고 있음을 강력히 암시한다. 아마도 무엇이 창조되고 있지 않을까.

> 물과 섞여 차오르는 탄력으로
> 치대면 치댈수록 속에서부터 배어나오는 물기
> 비밀스러운 샘물은
> 따로 함께의 정밀한 사랑싸움이다

 '연작 1'은 '물을 품은 자'라는 소제목을 내걸고 이렇게 끝난다. 여기에는 이 시, 그리고 이 시인이 지향하는 세계의 방향이 간결하게 압축되어 있다. 그것은 창조를 향한 형성의 물질적 과정이며, 말을 바꾸면 몸만들기라고 할 수 있다. 시인은 그것을 '따로 함께의 정밀한 사랑싸움'이라고 부른다. 그러나 사태의 핵심은 그에 앞선 구절, 즉 '물과 섞여 차오르는 탄력', 그리고 '치대면 치댈수록 속에서부터 배어나오는 물기'에 있다. 그것들은 모두 무엇인가를 만들어가는 물리적 힘이며, 그로 말미암아 생성되는 생물학적 성분이다. 요컨대, 창조가 이루어지는 과정인데, 물, 또는 '물을 품은 자'이다. 그것에 의해 달항아리라는 육체가 탄생하는데, 시는 달항아리 스스로 고백하는 자기형성의 물질화 과정이라고 할 수 있다. 요약하면 달항아리라는 육체의 자기고백이다. 이 시가 성공할 수 있었다면, 그 과정의 객관적 묘사가 달항아리 자신의 고백처럼 내면화될 수 있었다는 점에 있다. 그 솜씨는 훌륭하다. 아니, 그냥 솜씨를 넘어선 깊은 성숙의 샘에서 길러 올려진 풍미의 덕이라고 할 수 있을 것이다.

이렇게 해서 이 시는 '2. 불을 품은 자'로 '3. 달을 품은 자'로 발전하고 이윽고 달항아리라는 거대한 육체를 완성시킨다. 그 완성은 아름답지만 과정은 비극적이다. 모든 제조와 형성이 그렇듯이 눈에 보이고 손으로 만져지는 물질인 육체는 아픔과 고통을 수반하기 때문이다. 시인은 말한다.

　　물이 있어야 완성되는 비극

> 홀로 설 수 없는
> 아픔과 고통의 불지옥 속에서
> 생명을 얻고 끝까지 살아남아
> 뜨거움을 품어야하는 운명

　물과 불이 섞여서 고통을 견딤으로써 태어나는 생명체 – 육체의 현신이 달항아리다. 뒤를 이어서 이 시는 고통과 인내의 결실이 보여주는 새로운 물질의 출생을 이렇게 말한다.

> 온 몸의 더운 피가 진액으로 녹아나
> 흘러내린 절망의 눈물이 말라갈 때쯤
> 그들은 서로를 받아들이며 단단해진다
> 　　　　　(...중략...)
> 물과 불이 일구어낸 쓸쓸한 환희의 완성이다

　완성은 고통과 인내만으로 이루어지지 않는다. 고통과 인내 끝에 물과 불이 만약 서로 튕겨버린다면? 거기에 다만 파국만이 있을 뿐이다. 완성은 그러므로 반드시 상호수용을 필요로 한다. '서로를 받아들이며 단단해진다'는 고백은 여기서 완성된 육체가 내놓는 최대의 자랑이 된다. 다소 쑥스럽고, 다소 진부하지만 '찬란하게 빛나는 자랑스러운 멍에'/ '담담하고 우아한 승리'는 아무리 뽐내어도 비난 받을 수 없는 진리의 누설이다. 그리하여 이 시는 마지막 부분 '3. 달을 품은 자'에 도달한다.

     (...전략...)
  물과 불의 눈물이 섞인
  단 하룻밤의 불구덩 화염 속에서
  잉태와 탄생의 주문을 건다
  재를 품고 새 생명으로 다시 태어난
  고결하고 희뿌연 달은
  하늘을 품고서야 단아한 달항아리로 승천한다

  단아한 달항아리란 말할 나위 없이 백자를 가리키며, 지금까지 묘사. 서술되어 온 물과 불의 싸움과 화해는 그 빚는 과정의 이름이리라. 이때 결과로서 주목되어야 할 대목은 가장 끝 구절, '하늘을 품고서야 단아한 달항아리로 승천한다'는 부분이다. 물이 스며들어 질료들이 부드럽게 다루어지고, 알맞은 불의 화염이 그것을 익히는 시간의 작업이 이루어질 때, 시인은 거기에 '하늘을 품고서야—'라는 마지막 단서를 붙인다. 그렇다면 대저 하늘은 언제 어떻게 품는가. 하늘을 품는 행위는 앞의 순서, 혹은 과정과도 같은 별도의 거룩한 행위인가. 아니다. 그것은 물과 불이 얽

혀서 함께 하는 '정밀한 사랑싸움'(1), '쓸쓸한 환희의 완성'(2), '잉태와 탄생의 주문'(3)을 통칭한다. 오직 인간의 힘만으로서는 이룰 수 없는 인간 바깥의 새 생명이 안고 있는 고통과 환희의 세계이다.

「달항아리」 연작시는 1에서 8에 이르는 8편으로 되어있다. 그 전체가 달항아리라는 육체를 빚어 탄생시키는 과정을 고백의 형식으로 그려내고 있는데, 부드러우면서도 고통스러운 모순의 모습이 흥미롭다. 마치 푸코가 예리하게 발견하고 진술하였듯이 육체는 그 스스로 쾌락의 즐거움을 지니면서도 고통스러운 압력을 받는다. 예컨대 이렇다.

> 물이 닿아야만 당신은 부드러워진다
> 소라모양으로 천천히 눌러 비틀 때 마다
> 빈틈없는 결속에 억눌렸던 아우성들이
> 숨구멍을 뚫고 터져 나온다
>
> ―「달항아리 2」

부드러운 육체가 고통스러운 억압을 만남으로써 완성으로 간다는 역설! 그러나 이때 가해지는 억압은 결과적으로 '정교한 힘'으로 명명된다. 그럼으로써 '삶은 어느새 완성된 한 덩어리의 반죽'이 된다. 금동원의 시세계를 잘 보여주는 '달항아리'는 이처럼 물질인 육체를 만들어 가면서, 그 육체가 살아 움직이는 생명체로서 발언하는 일종의 알레고리적 방법을 보여준다. 그 물질과 생명의 경계에 말하자면 고개嶺가 있는데, 「달항아리」 연작에서 그것이 '반죽'이다.

'반죽'은 저절로 이루어지지 않는다. 흙덩이와 같은 질료가 물론 필요하지만 '둥근 원판 물레'와 같은 기구도 절대로 긴요하다. 또한 그 기구를 사용하는 기술 역시 반드시 갖추어져야 그 고개에 오를 수 있다. 이 같은 요소들은 물리적으로도 필요조건이지만, 거기엔 그것을 장악하는 정신이 선행되어야 한다. 시인은 그것을 '놀이' 정신이라고 말한다.

> 속도를 줄여라
> 물을 발라 숨통을 열자
> 부드럽지만 넘치지 않게
> 온 몸으로 버티며 공평하게 힘을 주자
> 무너지지 않게 허리를 감싸 안고
> 매끄럽게 끌어 올리고 슬그머니 내리누르며
> 힘의 벅찬 소리도 여유 있게
>
> 믿어야만 가능한 균형이야
> 버티지 말고 나에게 모든 걸 맡겨봐
> 불신의 흙기둥은 비딱하게 균형을 잃고

확신의 흙기둥은 비참하게 무너져 내린다

　　　한숨 소리가 정체를 물을 것이다
　　　이걸 왜 하냐고
　　　누구를 위해 무엇을 위해 가는 길이냐고
　　　그냥 살다보면 알게 될거야
　　　그러니 물레야, 제발 놀자
　　　　　　　　　　　　　　　　　　　─「달항아리 3」

　'놀이Spielen'는 시를 포함한 예술의 중심개념이다. 과잉으로 떨어질 때 그것은 키치Kitsch가 되지만 놀이 없이 예술은 성립하지 않는다. 물론 그 맞은편에 있다고 할 '진지Ernst' 또한 예술의 또 다른 중심개념이지만, 둘은 균형을 통해 조화를 이룬다. 바람직한 순간과 지점은, 놀이를 기법으로 한 진지함의 획득이라는 정신의 형성과정이 아닐까. 「달항아리」 연작시들은 이런 면에서 시의 모범을 구현한다. 둥근 원판 물레에 흙덩이를 넣고, 물을 뿌리며 돌리는 작업이 온통 고통스럽기만 한다면 항아리는 과연 완성될까. '무너지지 않게 허리를 감싸 안는' 맛과 '매끄럽게 끌어 올리고 슬그머니 내리 누르는' 멋이 있을 때, 물레 돌리기는 한결 손쉬운 속도감과 균형감으로 완성을 향해 달려갈 것이다. 그것은 놀이다. 아니, '놀이'라고 부르고 싶은 시인과 더불어 놀이가 된다.

금동원 시인에게는 육체를 시라고 생각하는 철학 비슷한 게 있다. 둘 다 시인이 만들어 간다는 생각 때문에 나온 게 아닌가 싶은데 「달항아리 4」와 「달항아리 8」는 그것을 선명하게 보여준다.

> 완성을 향해 치솟고 싶은
> 탐욕의 힘을 누르고
> 정교한 균형의 미를 외면한 채
> 찰진 흙덩어리를 무지의 힘으로 납작하게 눌러준다
> 펼쳐놓은 욕망의 몸들
> 둔탁하고 도톰한 형태로 남은 흔적은 욕망의 입술
> 부드럽고 건강한 달에게 입맞춤하며
> 나는 그것을 아름다운 욕망접시라고 부르고 싶다
> ―「달항아리 4」

이 시에서 육체는 물론 달항아리인데 그것은 욕망에 의해 형성되는 물질 아닌 물질이다. 물질이라는 최초의 인식은 그것이 흙덩이, 혹은 물과 결합된 흙덩이라는 평범한 사실 위에 기초한다. 그러나 곧 그 대상에 시인의 욕망이 투사되면서 물질은 아연 육체로 변화되기 시작한다. 시인은 그 출발점을 '텍스트'라고 말하는데, 그것은 시인이 재

빨리 그려놓은 머리 속의 그림이다. 위의 시 전반부에서 이미 시는 그렇게 시작된다.

> 언제나 시작은 텍스트야
> 정당한 무게와 논리적인 형태를 유지해야 마땅하다
> 비틀림을 풀고
> 마음의 중심을 잡고
> 흔들리지 않을 때까지

아, 시인의 욕망은 파괴와 질주 아닌 텍스트였던 것이다. '정당한 무게', '논리적인 형태', '마음의 중심'과 같은 지극히 고전적인 로고스의 틀을 만들고자 하는 욕망이었다. 시인 스스로의 표현을 빌면 '우아하게 쌓아올린 우리들의 욕망기둥' 이어서 스스로 파괴와 생성을 거듭하는 저 낭만주의의 그것과는 애당초 다른 범주에 있었다는 점이 주목될 필요가 있다. 시인의 욕망은 이런 것이다.

> 동굴 속을 파 들어가듯
> 넓게 깊게 들여다보고 싶은 유혹
> 담담하게 기다려야만 만들어지는 넓이다

'담담하게 기다리'는 욕망— 거기에 시인 금동원의 활달

하면서도 차분한 모순의 시학이 있다. 그것은 욕망을 균제하고 조절하는 욕망이며, 소박한 질료와 신체를 의미 있는 육체로 창조해 가는 욕망이다. 그것은 곧 흩어져 있는 생각과 낱말들을 모아서 시라는 육체로 만들어내는 욕망이기도 하다. 시 쓰기의 깊은 고뇌와 환희를 이러한 시각에서 고백하고 있는 「달항아리 8」에서의 다음 싯귀는 이런 의미에서 탁월한 울림을 던진다.

> 시를 쓴다는 것은
> 갈증과 애욕의 기다림으로
> 다시는 돌아갈 수 없는 흔적으로
> 흙이 달항아리가 되듯
> 습작은 온전한 시로 완성되어간다
> 어느 황홀한 불꽃으로 녹아 흘러야
> 투명한 너의 빛을 안을 수 있을까

달항아리라는 몸뚱이, 그 실감의 육체는 곧 시라는 사실이 밝혀진다. 시는 구체적인 몸의 현실이며 실체 없는 관념의 수식이 아님을 시인 또한 인정한 것이다. 그러나 당위의 인정과 사실의 획득은 다르다. 그 엄청난 거리 앞에서 시인은 몸서리친다. 과연 그는 생명으로서의 육체를 획득할 것인가.

> 가마 속의 불꽃으로 견디고 있는 너는
> 지금 몇 도의 숨을 쉬고 있는 것이냐
> 1250도의 뜨거움은 어떤 고통의 순간일까
> 온 몸이 완전하게 녹아 흘러
> 뼛속까지 모두 태우며 살신성인하는
> 등신불의 집념으로
>
> 온 몸을 감싸고 있는 유약의 흔적
> 모두 녹아 흘러내린 곳에서
> 얻고자 하는 빛은 무슨 깨달음을 주려는가
> 서늘한 그리움의 생명을 씌우고
> 다시 태어나는 너는 부활의 빛깔인가
> ―「달항아리 7」

그 획득과정의 고난, 그 불가피한 역정이 고스란히 드러나 있는 시행 하나하나가 뜨겁기 짝이 없다. 생명을 얻기 위해서는 죽음의 굴을 통과해야 하는 사즉생死即生의 필연이 치열하게 나타나 있는 것이다. 그리하여 마침내 시인은 '죽음을 받아들이며 견디낸 뜨거움/ 영원히 살아있음을 믿었던 시간이 만들어낸/ 아름다운 숨결이다.'라는 고백을 토해낸다. 결론은 고통이 생명을, 생명이 육체를, 육체가 시를 낳는 아름다운 회로의 발견으로 이어진다. 시7의

끝부분, 백자를 얻고 난 다음의 감회다.

> 선명하고 고귀한 백색의 철학
> 코발트빛 짙은 바다의 슬픔을 담은 문학
> 투명하게 빛나는 사랑의 승리
> 인내의 어울림으로 다시 태어난
> 새 생명의 환희
> 가슴 벅찬 단 하나의 육체이자 생명이다

II.

이제 생명의 육체를 얻기 까지, 그러니까 전前육체는 고통의 회로를 거쳐 왔음을 시인의 고백을 통해서 알게 되었다. 이때 시인의 고백은 곧 육체 자체의 고백임을 잊지 말자. 말을 바꾸면 시 스스로의 고백인 것이다. 여기서 간과되어서는 안 될 결정적 요소가 떠오른다. 그것은 물질이 생명의 육체로 승화, 혹은 변전하는 데에서 필수불가결로 지나가는 고개嶺에 관한 관심이다('여보령'이라는 작품이 이 관점에서 흥미롭다). 앞서서 그것은 기술, 그리고 기구였음을 주목하였고, 놀이 정신에 의해서 포괄되었음을 보았다. 「달항아리」 연작 시들을 제외한 금시인의 다른 작품들도 사실상 이와 같은 관심에 의해 해석이 가능해 보인다. 다른 시들을 살펴보기에 앞서 「달항아리 5」, 「달항아리 6」에 나타난 놀이정신의 구체적 모습, 그러니까 시인이 넘고 있는 고개에 함께 올라보자.

둥글고 각진 칼들은
한 겹 한 겹
제 몸의 아픈 살들을 자해하며
어떻게 살아요? 침묵의 비명을 지른다
고통과 아픔의 자리에서 빛나는 원형의 빛
드디어 실체를 드러내는 든든한 뿌리
중심의 힘으로 버틴 삶의 성찰
온 몸을 받드는 굽이라는 희생의 무게
아름답고 견고한 항아리의 뿌리다
— 「달항아리 5」

생명의 빛을 품고 하나, 둘, 셋
건조된 알몸의 서사
황홀경의 짜릿한 마법 같은 변신
뽀얀 유약의 세레나데
— 「달항아리 6」

앞의 시5에서 고개는 '둥글고 각진 칼' 놀이다. 이 칼놀이를 거치지 않으면 흙덩이에서 한치 앞으로도 나갈 수 없다. 칼놀이의 고개를 넘으면서 '원형의 빛'이 보이고 '굽이라는 희생의 무게'를 깨닫게 된다. 이 작품에 '굽깎기'라는 부제가 붙어있는 까닭이기도 하다. 다음 시6에서는 더욱 구체적으로 아름답게 육체가 생명을 입어가는 생명이 나타난다. 그것은 고개를 넘고 있는, 그리하여 마침내 고개를 모두 넘어선 상태의 시현이다. '휘감아 돌리고 돌려 하나, 둘, 셋'이 넘고 있는 모습이라면 '건조된 알몸의 서사'는 드디어 눈앞에 현존하는 육체의 실상이리라. 그 모습은 '황홀경의 짜릿한 마법 같은 변신'이지만 '뽀얀 유약의 세레나데'가 가해지지 않으면 도달되지 않았을 생명 이전 물질의 세계이다. 이렇듯 「달항아리」 연작시들에서 인식되고 체험되고 연습된 금동원의 시세계는 그의 작품 전반으로 확대된다. 「냉동인간」, 「디지털 치매」, 「부드러움」 등등에서 확인되고 있는 '육체'에 대한 관심은 급기야 시 자체를 대상으로 하고 있는 작품들, 그러니까 「시 속의 애인」, 「시를 굽다」, 「시의 비밀」, 「시의 일과」 등에서 주제의 자리에 올라선다.

> 사랑은 언제나 그림처럼 액자에 묶여 벽에 걸려있고
> 사람들은 서성인다. 무언가를 탐문하듯
> ―「시 속의 애인」

사랑은 여기서 생명을 지닌 애인이 아니다. 고통의 과정을 거쳐 육화된 육체가 아니다. 사랑은 그저 액자에 들어있는 그림이다. 애인은 그렇다면 있는가? 물속에 있다고 시인은 말해준다. 물은 시인이 '좋아하는 푸른 빛'이기는 하지만, 거기서 밖으로 나올 수 없이 갇혀 있다는 점에서 육체가 없다. 육체가 없는 자를 시인은 애인으로 하고 있는 것이다.

> 우리는 갇혔어요
> 삶과 죽음 사이에
> 시와 시인 사이에
> 치마와 바지 사이에
> 과거와 미래 사이에
> 마지막까지 물속에 있다
> 시 속의 애인이여
> ―「시속의 애인」

그러나 시인은 다시 애인이 갇혀 있을 뿐 육체가 없다는 것은 아니라는 듯이 말한다. 다만 그는 삶과 죽음 사이, 시와 시인 사이, 치마와 바지 사이, 과거와 미래 사이 등 사이에 있다. 말하자면 고개에 앉아있는 형국이다. 왜냐하면 '시 속의 애인'이기 때문이다. 그가 시 밖으로 나와

서 육체를 가질 때, 그는 현실의 애인이 되고 시는 소멸한다는 것인가. 그는 고개를 넘지 않고 시 속에 앉아 있어야 한다. 시는 미완의 육체와 함께 있어야 한다. 그 이유는? 비밀을 들어보자.

>베일을 벗겨라
>너의 고백을 들어보자
>불에 데인 듯(인두로 지진 듯)
>얇게 박피된 상처에서 흘러내리는 시의 진물
>　　　(... 중략...)
>
>환희에 차서 허공을 획획
>스치고 사라지는 시의 냄새
>시큼하기도 한 쓴 맛
>
>　　　　　　　　　　—「시의 비밀」

시의 맛은 쓰기 때문에, 시인은 거기에 살아있는 육체의 옷을 입혀주지 않는다. 애인도 그 속에 가두어 둔다. 아, 그러고 보니 「달항아리 1」에서 처음부터 시인이 달아놓았던 단서가 생각난다. 잠시 돌아가 보자.

>찬란하게 빛나는 자랑스러운 멍에

담담하고 우아한 승리
물과 불이 일구어낸 쓸쓸한 환희의 완성이다

  왜 시인은 그토록 격렬한 고통과 아픔의 과정을 딛고 육체로 탄생한 완성을 가리켜 '쓸쓸한 환희의 완성'이라고 했을까. 완벽한 완성의 모습으로 우아하게 서 있는 육체에게서 시인은 쓸쓸함을 느낀 것이다. 쓸쓸함이 배어있는 완성=육체로부터의 슬픔에서 시를 바라보는 시인의 일과가 다소 시니컬할 수밖에 없는 것은, 어쩌면 자연스러운 일일 것이다.

시의 일과에 대해 말하자면
아, 시詩잖아요?
산다는 게 너무 시시詩詩하다는 걸
시시詩詩해서 시를 쓴다는 걸
아, 시詩잖아요?
                              —「시의 일과」

  그러나 금동원은 냉소주의자나 육체주의자는 아니다. 시와 관련하여 다소간의 페이소스가 그에게 있는 것은 사실이지만, 그에게는 고통스러운 완성에의 길보다 부족한 모습 그대로 받아들이고 즐길 줄 아는 탄력적 사고가 있다. 그것이 그의 시를 이따금 재미있게 만든다.

> 매일 아침
> 바삭하고 고소하게 시를 구워내고 싶다
> 그리움으로 발효된 반죽은
> 설렘으로 탱탱하게 부풀어 오른다
>
> 짭짤한 연민과
> 땅콩처럼 으깨진 고소한 담론
> 계피가루 향취 가득한 사유를 담아
> 비틀린 삶의 입구는
> 세상 보자기를 싸매 듯 침묵으로 묶는다
> ―「시를 굽다」

 아득하면서도 맛있다. 이 시는 그 자체로 완벽하지 않을 뿐 아니라 완벽을 찬양하지도 않는다. 완성으로의 길이 워낙 고통스럽고 짜임새가 있어야 하기 때문일까. 어쩌면 힘든 완성이 이루어 놓은 육체와 생명의 균형이 숨 가쁜, 빈틈없는 결속을 뽐내고 있어서일까. 인내와 결속의 완성미에서 차라리 쓸쓸함을 느끼기에 시인은 한 음계 낮춘 자리에서 고소하고 짭짤한 연민을 즐긴다. 완성과 미완의 두 범주를 드나들면서 두 곳 모두에 시의 이름을 붙이고

다니는 금동원 시인—「사이」를 비롯하여 유독 경계에 관한 시가 많은 것도 따라서 자연스러워 보인다. 경계에 도전하는 두 범주의 싸움이 치열해진다면, 시의 긴장은 더욱 흥미로울 것이다.

금동원琴東媛

이화여고, 상명대학교 생물학과 졸업. 2003년 이후 시작활동을 시작, 시집 『여름낙엽(2008)』, 『마음에도 살결이 있어(2011)』, 『우연의 그림 앞에서(2015)』, 『시울림 오중주(2017)』 등 발간. 계간문예작가상수상.

서정시학 시인선 165
시 속의 애인
_____

2020년 02월 25일 초판 1쇄 발행

지 은 이 · 금동원
펴 낸 이 · 최단아
펴 낸 곳 · 도서출판 서정시학
인 쇄 소 · ㈜ 상지사
주　　 소 · 서울시 서초구 서초중앙로 18, 504호 (서초쌍용플래티넘)
전　　 화 · 02-928-7016
팩　　 스 · 02-922-7017
이 메 일 · lyricpoetics@gmail.com
출판등록 · 209-91-66271

ISBN 979-11-88903-41-2 03810
계좌번호: 국민 070101-04-072847　최단아(서정시학)

값　12,000원

＊ 잘못된 책은 바꾸어 드립니다.

이 도서의 국립중앙도서관 출판예정도서목록(CIP)은 서지정보유통지원시스템 홈페이지(http://seoji.nl.go.kr)와 국가자료공동목록시스템(http://www.nl.go.kr/kolisnet)에서 이용하실 수 있습니다.(CIP제어번호: CIP2020002795)

서정시학 시인선 목록

```
001 드므에 담긴 삽                      강은교, 최동호
002 문열어라 하늘아                      오세영
003 허무집                              강은교
004 니르바나의 바다                      박희진
005 뱀 잡는 여자                        한혜영
006 새로운 취미                          김종미
007 그림자들                             김 참
008 공장은 안녕하다                      표성배
009 어두워질 때까지                      한미성
010 눈사람이 눈사람이 되는 동안          이태선
011 차가운 식사                          박홍점
012 생일 꽃바구니                        휘 민
013 노을이 흐르는 강                     조은길
014 소금창고에서 날아가는 노고지리      이건청
015 근황                                 조항록
016 오늘부터의 숲                        노춘기
017 끝이 없는 길                         주종환
018 비밀요원                             이성렬
019 웃는 나무                            신미균
020 그녀들 비탈에 서다                    이기와
021 청어의 저녁                          김윤식
022 주먹이 운다                          박순원
023 홀소리 여행                          김길나
024 오래된 책                            허현숙
025 별의 방목                            한기팔
026 사람과 함께 이 길을 걸었네          이기철
027 모란으로 가는 길                     성선경
029 동백, 몸이 열릴 때                   장창영
030 불꽃 비단벌레                        최동호
031 우리시대 51인의 젊은 시인들         김경주 외 50인
032 문턱                                 김혜영
033 명자꽃                               홍성란
034 아주 잠깐                            신덕룡
035 거북이와 산다                        오문강
036 올레 끝                              나기철
037 흐르는 말                            임승빈
038 위대한 표본책                        이승주
039 시인들 나라                          나태주
040 노랑꼬리 연                          황학주
041 메아리 학교                          김만수
042 천상의 바람, 지상의 길              이승하
043 구름 사육사                          이원도
044 노천 탁자의 기억                     신원철
045 칸나의 저녁                          손순미
```

046 악어야 저녁 먹으러 가자 배성희
047 물소리 천사 김성춘
048 물의 낯에 지문을 새기다 박완호
049 그리움 위하여 정삼조
050 샤또마고를 마시는 저녁 황명강
051 물어뜯을 수도 없는 숨소리 황봉구
052 듣고 싶었던 말 안경라
053 진경산수 성선경
054 등불소리 이채강
055 우리시대 젊은 시인들과 김달진문학상 이근화 외
056 햇살 마름질 김선호
057 모래알로 울다 서상만
058 고전적인 저녁 이지담
059 더 없이 평화로운 한때 신승철
060 봉평장날 이영춘
061 하늘사다리 안현심
062 유씨 목공소 권성훈
063 굴참나무 숲에서 이건청
064 마침표의 침묵 김완성
065 그 소식 홍윤숙
066 허공에 줄을 긋다 양균원
067 수지도를 읽다 김용권
068 케냐의 장미 한영수
069 하늘 불탱 최명길
070 파란 돛 장석남 외
071 숟가락 사원 김영식
072 행성의 아이들 김추인
073 낙동강 시집 이달희
074 오후의 지퍼들 배옥주
075 바다빛에 물들기 천향미
076 사랑하는 나그네 당신 한승원
077 나무수도원에서 한광구
078 순비기꽃 한기팔
079 벚나무 아래, 키스자국 조창환
080 사랑의 샘 박송희
081 술병들의 묘지 고명자
082 악, 꽁치 비린내 심성술
083 별박이자나방 문효치
084 부메랑 박태현
085 서울엔 별이 땅에서 뜬다 이대의
086 소리의 그물 박종해
087 바다로 간 진흙소 박호영
088 레이스 짜는 여자 서대선
089 누군가 잡았지 옷깃, 김정인
090 선인장 화분 속의 사랑 정주연

091 꽃들의 화장 시간 　　　　　　　이기철
092 노래하는 사막 　　　　　　　　홍은택
093 불의 설법 　　　　　　　　　　이승하
094 덤불 설계도 　　　　　　　　　정정례
095 영통의 기쁨 　　　　　　　　　박희진
096 슬픔이 움직인다 　　　　　　　강호정
097 자줏빛 얼굴 한 쪽 　　　　　　황명자
098 노자의 무덤을 가다 　　　　　　이영춘
099 나는 말하지 않으리 　　　　　　조동숙
100 닥터 존슨 　　　　　　　　　　신원철
101 루루를 위한 세레나데 　　　　　김용화
102 골목을 나는 나비 　　　　　　　박덕규
103 꽃보다 잎으로 남아 　　　　　　이순희
104 천국의 계단 　　　　　　　　　이준관
105 연꽃무덤 　　　　　　　　　　안현심
106 종소리 저편 　　　　　　　　　윤석훈
107 칭다오 잔교 위 　　　　　　　조승래
108 둥근 집 　　　　　　　　　　　박태현
109 뿌리도 가끔 날고 싶다 　　　　박일만
110 돌과 나비 　　　　　　　　　　이자규
111 적빈赤貧의 방학 　　　　　　　김종호
112 뜨거운 달 　　　　　　　　　　차한수
113 나의 해바라기가 가고 싶은 곳 　정영선
114 하늘 우체국 　　　　　　　　　김수복
115 저녁의 내부 　　　　　　　　　이서린
116 나무는 숲이 되고 싶다 　　　　이향아
117 잎사귀 오도송 　　　　　　　　최명길
118 이별 연습하는 시간 　　　　　　한승원
119 숲길 지나 가을 　　　　　　　　임승천
120 제비꽃 꽃잎 속 　　　　　　　　김명리
121 말의 알 　　　　　　　　　　　박복조
122 파도가 바다에게 　　　　　　　민용태
123 지구의 살점이 보이는 거리 　　김유섭
124 잃어버린 골목길 　　　　　　　김구슬
125 자물통 속의 눈 　　　　　　　　이지담
126 다트와 주사위 　　　　　　　　송민규
127 하얀 목소리 　　　　　　　　　한승헌
128 온유 　　　　　　　　　　　　김성춘
129 파랑은 어디서 왔나 　　　　　　성선경
130 곡마단 뒷마당엔 말이 한 마리 있었네 　이건청
131 넘나드는 사잇길에서 　　　　　황봉구
132 이상하고 아름다운 　　　　　　강재남
133 밤하늘이 시를 쓰다 　　　　　　김수복
134 멀고 먼 길 　　　　　　　　　　김초혜
135 어제의 나는 내가 아니라고 　　백　현

136	이 순간을 감싸며	박태현
137	초록방정식	이희섭
138	뿌리에 관한 비망록	손종호
139	물속 도시	손지안
140	외로움이 아깝다	김금분
141	그림자 지우기	김만복
142	The 빨강	배옥주
143	아무것도 아닌, 모든	변희수
144	상강 아침	안현심
145	불빛으로 집을 짓다	전숙경
146	나무 아래 시인	최명길
147	토네이토 딸기	조연향
148	바닷가 오월	정하해
149	파랑을 입다	강지희
150	숨은 벽	방민호
151	관심 밖의 시간	강신형
152	하노이 고양이	유승영
153	산산수수화화초초	이기철
154	닭에게 세 번 절하다	이정희
155	슬픔을 이기는 방법	최해춘
156	플로리안 카페에서 쓴 편지	한이나
157	너무 아픈 것은 나를 외면한다	이상호
158	따뜻한 편지	이영춘
159	기울지 않는 길	장재선
160	동양하숙	신원철
161	나는 구부정한 숫자예요	노승은
162	벽이 내게 등을 내주었다	홍영숙
163	바다, 모른다고 한다	문　영
164	향기로운 네 얼굴	배종환
165	시 속의 애인	금동원
166	고독의 다른 말	홍우식